MEMOIRE
en Images

BRUYÈRES

ET SES ENVIRONS

Lépanges-sur-Vologne. La méthode ancestrale du débitage des poutres et des planches à l'aide de la scie de scieur de long a perduré jusqu'à la fin des années quarante. L'entreprise Janel de Lépanges-sur-Vologne a pu embaucher des bûcherons vosgiens et italiens afin de façonner des traverses de chemin de fer.

MEMOIRE
en Images

BRUYÈRES

ET SES ENVIRONS

Roger Balland

ALAN
SUTTON

Dans la même collection

Département des Vosges

Contrexéville
Epinal
Gérardmer
Xertigny et son canton

Département de la Meurthe-et-Moselle

Frouard
Le Jarnisy - Terre du fer
Liverdun
Longwy Mont-Saint-Martin
Lunéville
Nancy
Pompey et son canton
Saint-Max

De nombreux ouvrages ont été publiés dans les autres départements français.
Un catalogue de plus de 1 200 titres est disponible sur simple demande
auprès de votre libraire ou aux Editions Alan Sutton.

Editions Alan Sutton
8, rue du Docteur Ramon
37540 Saint-Cyr-sur-Loire

Première édition juin 2005

ISBN 2-84910-275-X

ISSN 1355-5723

Dépôt légal : juin 2005
Imprimé en Grande-Bretagne par Oaklands Book Services Limited, Gloucestershire

Sommaire

Index
des communes citées

Représentation symbolique d'un coq de bruyère, œuvre de Jean Lurçat qui, dans la Résistance, prit le nom de Jean Bruyères en souvenir de la ville où il était né, en 1892. Il est considéré comme le rénovateur de la tapisserie française.

Introduction

A une époque où la télévision a accentué l'individualisme et a rejeté aux oubliettes ces soirées d'été où les enfants jouaient ensemble dehors ou bien s'asseyaient sur les bancs devant la porte tandis que leurs parents « renouvelaient » les choses du passé, il convient peut-être de palier ce manque d'information sur notre passé et notre histoire locale.

C'est l'objet de cet ouvrage, dans lequel nous nous sommes attachés à rappeler certaines anecdotes disparues de la conscience collective et à montrer des personnages, des aventures, des engins, etc., oubliés de tous.

Comme dans notre secteur les paysages, les agglomérations, les immeubles du siècle dernier ont déjà fait l'objet de publications, nous nous sommes efforcés de ne pas nous en tenir systématiquement à la simple carte postale, en privilégiant plutôt la photographie non diffusée, voire le document tiré d'un ouvrage devenu très rare.

Notre objectif a donc été de susciter l'étonnement, la surprise, donc l'intérêt du lecteur qui pourra, tout au moins nous l'espérons, porter son attention sur l'histoire locale, souvent très brièvement évoquée.

Il nous semblait gênant de nous limiter au canton de Bruyères - cette ville se situant en bordure - nous nous sommes plutôt rapprochés des limites de la prévôté, sans les respecter totalement, avec le désir de faire profiter le lecteur du document relatif à son pays, document qu'il n'aurait peut-être aucune chance de trouver ailleurs. C'est ainsi que le nom de certaines communes apparaît grâce à une anecdote, un événement, où plusieurs personnages donnent tout leur sel pour sa perception et ajoutent à son particularisme.

Bruyères. La plus vieille vue de la place Stanislas dont nous disposons est antérieure à 1894. Un photographe (monsieur Perrot ?) a installé un studio démontable lui servant à photographier et à tirer les clichés. Le grand nombre de soldats occupant les trois casernes de Bruyères explique l'importance de la clientèle potentielle, à laquelle s'ajoutent les habitants de la région. Il s'avance, muni de son tablier de cuir. Sans doute a-t-il utilisé un appareil à déclenchement retardé.

La Baffe. Une jolie scène de rue où l'on peut admirer la diversité des costumes. Le chauffage au bois permettait d'utiliser non seulement les rondins et les quartiers, mais aussi les fagots soigneusement rangés contre le mur.

1

Bruyères et ses alentours

La tendance actuelle veut que l'on regroupe les communes dans les communautés de communes, ce qui s'approche du pléonasme. Autrefois, les diverses autorités les groupaient parfois en les faisant se chevaucher : c'est ainsi que l'évêché, après avoir été à Toul, se trouvait à Saint-Dié alors que la préfecture était à Epinal.
Bruyères, chef-lieu de district, rassemblait beaucoup de communes. Nous en évoquons un grand nombre ; l'une d'elles n'a jamais été citée en cartes postales, il s'agit de Le Roulier. D'autres apparaissent grâce aux photos ou aux cartes postales présentant un aspect du thème évoqué. Elles concourent ainsi au rappel d'un élément appartenant à notre patrimoine.

Le château de Bruyères, détruit, comme la ville-forteresse de La Motte, vers 1645, sans doute sur l'ordre du cardinal Mazarin, est présent sur de diverses gravures. Celle réalisée selon la fantaisie de madame Doridant, épouse de Doridant de Rambaville, vers 1760, depuis l'arrière de la place Stanislas, est précieuse. Elle représente l'ancienne église, le nouveau château (qui deviendra Merlin) avec son orangerie. Une partie appartenant au sieur Didelot abritait une fabrique de tapisserie tontisse en 1764. Elle dépeint aussi les travaux des champs avec des personnages caractéristiques de cette époque.

Ce dessin anonyme du XVIIIe siècle est sans doute plus proche de la réalité, bien qu'il ignore totalement le faubourg, soit l'actuelle rue du Général de Gaulle.

Faucompierre. Saint-Jean-du-Marché. Essai de reconstitution du château qui dominait les deux communes. Il avait sans doute remplacé un éperon barré au bout de la colline de l'Encerf. Une partie avait été « amaisonnée » du côté de Saint-Jean.

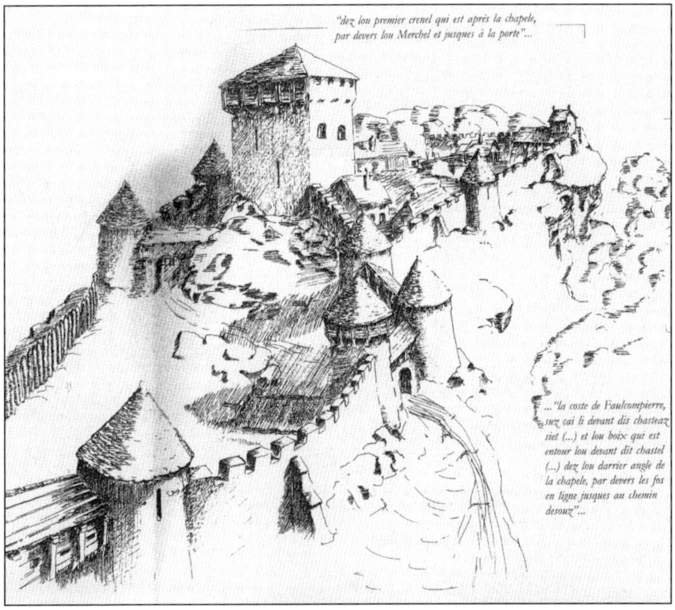

Bruyères. La colline de l'Avison, poste d'observation extraordinaire. La vue s'étend du haut de la tour (le mirador) à plus de 60 kilomètres. La partie sommitale a été occupée dès l'Antiquité.

La chapelle Notre-Dame de la Roche a été implantée sous une roche abri dont les trous des poteaux qui servaient à son obturation restent encore bien visibles. Elle domine une source, la fontaine Saint-Georges. Dont l'appellation est significative de la christianisation d'un site païen. Elle servait en temps de paix à l'alimentation du village fortifié.

Une partie de l'équipe des archéologues des deux campagnes de fouilles de l'Avison en 1967 et 1968. Fouilles qui ont révélé un habitat fortifié, sans doute saccagé au IVe siècle. En témoignent les poteries, monnaies, substructions, restes divers retrouvés lors des fouilles.

Monnaie agrandie représentant probablement Maximien Galère, empereur de la Tétrarchie au IVe siècle. L'inscription indique : « *Maximianus. Nob. Caesar. Genio Populi Romani.* » La région abonde en sites préhistoriques ; sites de hauteur (Borémont qui signifie « mont barré », Bois Chevillot, avec de nombreux éléments sculpturaux gallo-romains dont une des plus belles Epona...) ; sources sacrées, par exemple La Parouse (Borémont), près de laquelle a été trouvée une stèle montrant un personnage versant une libation déposée au musée d'Epinal. Dans la plaine, au-delà de Grandvillers, les emplacements de villas gallo-romaines sont nombreux : Destord, Gugnécourt, Girecourt, Padoux, Sercœur, etc. Des haches en serpentine ont également été trouvées à Autmontzey lors de la construction de la ligne du chemin de fer Bruyères-Gérardmer. Peut-être proviennent-elles du gisement de ce matériau situé entre Champdray et Réhaupal ?

Bruyères. Au centre de la place du Collège, la grande fontaine servait d'abreuvoir aux animaux. Les plus petits bassins qui recevaient par gravité l'excédent d'eau servaient, quant à eux, à la lessive. Ainsi, rien n'était perdu, même pour le chien qui lapait l'eau encore exempte de lessive moderne. Les petits bassins ont disparu très tôt. La grande fontaine a été détruite sous le mandat du maire Drahon, pour que puissent s'installer les manèges.

Bruyères. Une vue de la Grande rue bien animée. En 1882, le commerce et l'artisanat bruyérois comptaient 274 patentes.

Frémifontaine. Les élèves, à cette époque, étaient extraordinairement nombreux.

Deyvillers, route d'Epinal. Une bonne idée de la vie d'autrefois avec les vraies *mamiches* du passé.

Grandvillers. Voilà comment on mangeait à table, sous la lampe à pétrole, devant le vaisselier, dans une maison bourgeoise.

Grandvillers, Grande rue. A cette époque, on se souciait assez peu de rouler à gauche ou à droite de la route, même quand on tenait un cheval par la bride.

Gugnécourt. D'un côté du Durbion, Joséphine Dupays et de l'autre, son frère, de Fontenay, missionnaire au Transval (voir Fontenay).

Gugnécourt. On est vraiment au centre du village et, en ce dimanche, les gens posent volontiers.

Lépanges, route de Bruyères. Le tailleur a sorti dans la rue sa machine à coudre, avec sa petite famille, afin de se faire un peu de publicité.

Lépanges. Pâle-Hû. Palhieu, hameau de Prey. Le rocher où Voulot, conservateur du musée d'Epinal, voyait dans son livre *les Vosges avant l'Histoire*, en 1874, de grandes sculptures gauloises, a été partiellement exploité en carrière pour édifier l'église de Lépanges.

Le Roulier. Un des rares villages des Vosges pour lesquels on ne connaissait aucune carte postale. En voici deux qui n'ont sans doute pas été diffusées à un grand nombre d'exemplaires. La première a été prise à l'embranchement de la route de Charmois.

La seconde a rassemblé le village devant le café-épicerie-dépôt de pain Derose. Le garde champêtre appariteur a peut-être battu du tambour pour l'occasion.

2

Personnages et personnalités

Les rencontres fortuites entre notre secteur et des personnages qui ont marqué l'histoire sont parfois étranges. Nous en avons retenu quelques unes. Citons, en dehors de toute chronologie, le sergent Mitterrand, blessé à l'épaule et fait prisonnier à l'hôpital de Bruyères en juin 1940. Ou bien le maréchal Lyautey, capitaine à Bruyères en 1882. Citons également ce neveu de Jules Ferry, seul député français mort d'une blessure reçue au front pendant la Grande Guerre. Notons encore cette étrange nomination d'archevêque « *in partibus* » d'un curé de Champ-le-Duc. Nous pourrions aussi parler de l'abbé Georgel, propriétaire du château de Bruyères (qui sera racheté par le conventionnel Merlin de Thionville) et fut parfaitement au courant d'un des prémices de la Révolution, l'affaire du collier de la reine. Il était en effet secrétaire du cardinal de Rohan. Il n'en a cependant rien dit dans ses *Mémoires* publiés après sa mort, en 1813. La place nous manque pour tous les évoquer. Citons cependant quelques écrivains : Rose Rovel, poétesse, Jean Lurçat, né à Bruyères, rénovateur de la tapisserie française. Son frère, André Lurçat, architecte influencé par le Bauhaus, réalisateur de grands travaux. Le docteur Vilmin de Prey, ancien élève de l'école de latinité de Bruyères, qui fut le découvreur du caractère contagieux de la tuberculose. Notons aussi quelques personnalités hors du commun comme le P'tit Bannerot, la Robinsonne du Trou de l'Enfer, le Baptiste, etc., qui donnent de la couleur au particularisme régional.

Abel Ferry (neveu de Jules Ferry), seul député mort des blessures reçues au front pendant le Grande Guerre, a donné son nom à l'ancienne rue du Marché aux Toiles, devenue rue d'Alsace. Les tisserands à domicile venaient dans cette rue vendre leurs toiles qui étaient mesurées à l'aune de Bruyères, différente de l'aune de Nancy.

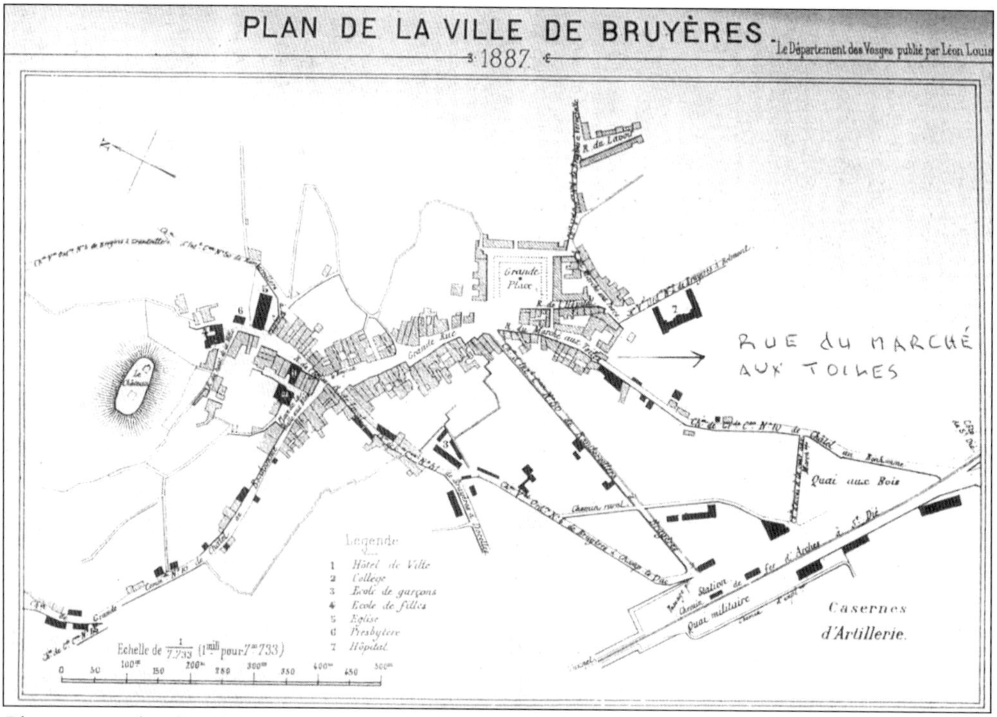

Photocopie du plan de Bruyères : rue du Marché aux Toiles.

Champ-le-Duc. Jean-Claude Sommier, archevêque de Césarée, curé de Champ-le-Duc. Grand prédicateur du début du XVIIIe siècle, auteur de plusieurs ouvrages relatifs à la religion.

JEAN-CLAUDE SOMMIER, Archevêque de Cesarée, Curé de Champ-le-Duc.

Bruyères. L'abbé Georgel, propriétaire du château, ancien secrétaire du cardinal de Rohan, joua un grand rôle dans l'affaire du collier de la reine, un des mobiles de la Révolution de 1789.

Brunotte était un ancien élève de l'école de latinité de Bruyères qui précéda le collège, fondé seulement en 1866. Il devint recteur de la faculté de pharmacie de Nancy. C'est à ce titre qu'il fonda le jardin d'altitude du Haut Chitelet, sur la route des Crêtes, près de la Schlucht. A sa mort, sa veuve fit don de sa bibliothèque à la ville de Bruyères.

Prey. Le docteur Vilmin, ami de Pasteur, né à Prey, ancien élève de l'école de latinité, démontra le premier la contagiosité de la tuberculose. L'érection de son monument à un angle de la place Stanislas en 1894 donna lieu à une extraordinaire manifestation.

Bruyères. Inauguration du monument Vilmin, place Stanislas, 1894. Madame Ferla (que l'on retrouvera dans les pages suivantes) était couturière et avait confectionné le voile qui recouvrait la statue. Elle craignait que celui-ci accrochât un relief quelconque et n'accomplît pas bien son office.

Portrait de Dieudonné-Gabriel, comte Humbert de Girecourt, 1753, musée Henri Mathieu de Bruyères.

Portrait de madame Charles de Bourcier, née Suzanne Marguerite Humbert de Girecourt, 1758, musée Henri Mathieu de Bruyères.

Girecourt-sur-Durbion. Le château, propriété du comte Humbert de Bourcier depuis 1705, avait été une forteresse (il est encore entouré de douves). Cette seigneurie appartenait anciennement à la maison d'Haraucourt, dont dépendaient 24 villages.

Bruyères. Le capitaine Lyautey, futur maréchal, lorsqu'il était capitaine au 4e régiment de chasseurs à cheval en 1882. C'est grâce à lui que les soldats ont eu à leur disposition des réfectoires alors que, jusque-là, ils mangeaient dans leur chambrée.

Bruyères. Rencontre amicale à Thorey-Lyautey entre Roger Merlin, ancien maire de Bruyères (manteau noir), et le maréchal Lyautey

Lépanges. Le président de la République Vincent Auriol dont le train est tombé en panne à Lépanges. On lui présente un bébé qui n'a rien de *« morveux »*, contrairement à ce qu'a dit par la suite Claude Darget, présentateur TV.

Granges. Accueil du président Paul Doumer. Pourra-t-il porter toutes les fleurs que lui présentent ces charmantes jeunes filles ?

François Mitterrand, ancien président de la République, a été fait prisonnier à l'hôpital de Bruyères en juin 1940 alors qu'il était un simple sergent blessé à l'épaule. Il est photographié ici en 1981, en compagnie de son ami Pierre Blanck, né à Pierrepont, fondateur en 1947 du Club du troisième âge de Bruyères. C'est la première visite que le président fit à un maire - en l'occurrence celui d'Epinal - dans le cadre de ses nouvelles fonctions.

Bruyères. Le président Charles de Gaulle dans les Vosges, de passage à Bruyères le 30 juin 1961.

Le parfait montagnard des Hauts de Granges, avec ses brodequins cloutés, son costume de velours côtelé brun, son chapeau protecteur du soleil et de la pluie et, surtout, sa classique hotte vosgienne, ancêtre du sac tyrolien. Ce cliché de Paul Marchal illustre formidablement le personnage Paul Bédel.

Bruyères. Un Bruyérois et son chien en 1894. On croirait voir un tableau de Georges de La Tour. La bouteille ressortant du clair-obscur fait songer à une chandelle.

Tendon. Les deux derniers colporteurs à pied des Vosges et leur marmotte (boîte où se trouvent échantillons et marchandises). Tous deux originaires du Massif Central ; Vieux Rochas, à droite, se fixera à Tendon. On l'aperçoit ci-dessous, âgé, assis sur l'escalier de sa maison en compagnie d'une dame qui pratique la broderie perlée sur tulle.

Tendon. On voit également un cosson (ramasseur et marchand d'œufs), célèbre dans le secteur. Il avait coutume, par souci d'économie, de marcher pieds nus avec ses brodequins autour du cou : c'était le « p'tit Bannerot ».

Réhaupal.
Une personnalité remarquable du vieux Réhaupal. Madame Colin, propriétaire du café-restaurant-tabac que l'on aperçoit sur la carte postale, avait été la cuisinière d'Alexandre Dumas fils. Elle excellait dans la préparation des truites du Barba ; aussi les notables vosgiens de l'époque - préfet y compris - se rendaient-ils dans son établissement pour s'y régaler.

Le marché, autrefois privilège de Saint-Jean-du-Marché, ne s'est pas seulement déplacé à Bruyères mais il s'est aussi perpétué à Réhaupal. Autre témoignage de l'importance du négoce au village.

Bruyères. Le Baptiste, un nain qui mendiait dans tout le secteur et couchait au hasard de ses déplacements. Il quêtait souvent aux abords des casernes et on ne lui refusait pas un bout de pain ou une tranche de saucisson. Il est mort couché dans la sciure d'une scierie de la vallée de la Mortagne.

Ci-dessus et ci-dessous, Réhaupal. La Robinsonne du Trou de l'Enfer habitait une pauvre masure dans ce vallon profond utilisé par les contrebandiers de tabac et d'allumettes. Les toiles et peaux fixées à la perche oblique étaient destinées à effrayer les oiseaux de proie. A peu de distance se trouve la grotte des Chats (sur la rive droite du Barba, en aval) dont nous avons autrefois dégagé l'entrée et qui renferme des araignées au ventre énorme.

3

Les sociétés et le sport

La vie des sociétés, autrefois tenues par des confréries ou des corporations très fermées, est devenue très active dès la fin du XIXe siècle. Les sociétés se sont multipliées. Elles restaient toutefois conditionnées par les horaires de travail qui atteignaient soixante heures par semaine. Les congés se limitaient aux dimanches et aux jours fériés religieux. On voit apparaître des compagnies de sapeurs-pompiers alors que les premiers soldats du feu avaient été les Capucins. Les ménestrels et autres baladins, les orchestres de chambre, dont les prestations étaient réservées aux classes privilégiées, sont souvent remplacés par des Harmonies municipales et des sociétés musicales plus populaires, telles la Cécilia. Les moyens de transport, moins coûteux grâce au chemin de fer, facilitent la création de comités des promenades - ancêtres des syndicats d'initiative - et des bureaux de tourisme qui encouragent, outre les visites de sites et de monuments, la pratique des sports.

La Cécilia, dirigée par monsieur Müller, compositeur à ses heures, donnait des concerts et des bals fort appréciés à Bruyères.

Bruyères. La Musique municipale en 1979, au temps du chef Frédric, déjà sous la présidence de Claude Villemain.

Bruyères. Les sapeurs-pompiers le 7 mai 1933, place Stanislas. Ils avaient rassemblé une partie de leur matériel, à savoir, la grande échelle, une motopompe, leurs haches si particulières, ainsi que les instruments de la clique.

Bruyères. Les sapeurs-pompiers en octobre 1943. Certains portent le képi standard, tandis que d'autres, sans doute recrutés plus récemment - c'est la guerre - sont vêtus et coiffés de manière différente. Ils n'ont pas oublié leur drapeau et ils sont accompagnés du maire Veyrier, nommé par Vichy, et de son adjoint.

Bruyères. Deux joueurs en pleine action sur le nouveau stade, route de Brouvelieures.

Bruyères. Les supporters au premier rang de la tribune de l'ancien stade Henry Veyrier (cour du lycée Jean Lurçat).

Bruyères. Les équipes sportives du collège, fin des années quarante, avec le principal et quelques professeurs, dont celui de gymnastique.

Bruyères. Des sportifs rassemblés au stade Henry Veyrier.

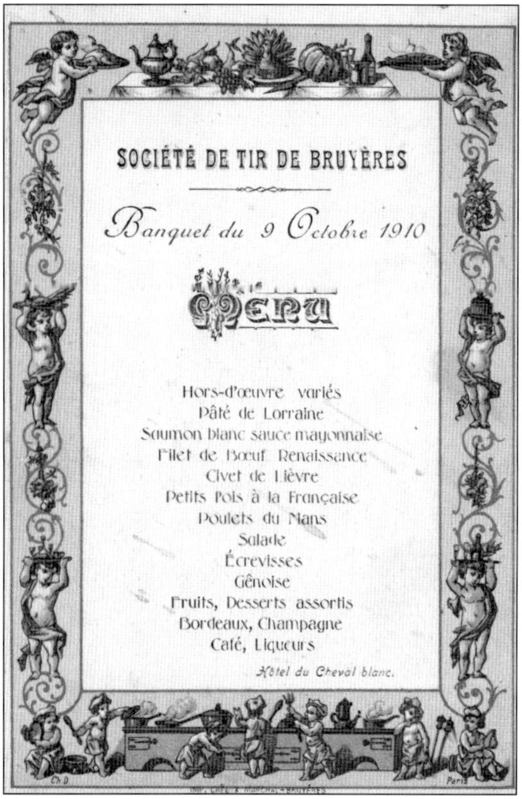

SOCIÉTÉ DE TIR DE BRUYÈRES

Banquet du 9 Octobre 1910

Menu

Hors-d'œuvre variés
Pâté de Lorraine
Saumon blanc sauce mayonnaise
Filet de Bœuf Renaissance
Civet de Lièvre
Petits Pois à la Française
Poulets du Mans
Salade
Écrevisses
Gênoise
Fruits, Desserts assortis
Bordeaux, Champagne
Café, Liqueurs

Hôtel du Cheval blanc.

Après 1870 et même après 1918, on continuait à s'entraîner au tir. Plusieurs lecteurs reconnaîtront aisément un membre de leur famille. On peut supposer qu'après le banquet de 1910, il valait mieux ne pas toucher au fusil.

Les chasseurs à Bruyères. On les voit s'apprêtant à bien déjeuner en forêt autour d'un feu soigneusement préparé (cliché Voinet). Ils étaient peu nombreux étant donné le prix du permis : 28 francs-or en 1878, soit l'équivalent de 14 jours de travail à 2 francs par jour pour un ouvrier du textile.

A Brouvelieures, le majordome du château a réuni non seulement les chasseurs, mais aussi les épouses, les enfants, les traqueurs et les chiens.

Promenade dans la forêt de Mortagne au départ de Bruyères, 7 août 1898. Les hôteliers ou les « patachons » offraient leurs services ; on trouvait leurs tarifs dans les guides du comité des promenades, ancêtre de l'office de tourisme.

Famille Voinet (photographe, éditeur de cartes postales à Bruyères) en promenade sur le chemin de la Roche de la Vierge. A cette époque, les hommes, même très jeunes, n'oubliaient pas leur canne.

Un grand bi (petite et très grande roue) et un Michaux (2 roues en bois à rayons « tricotés ») décorés pour la cavalcade.

Quand Bastien du Coq de Bruyères (Champ-le-Duc) s'exerçait à la course avec un boyau autour du cou.

Un couple de cyclistes qui ne devaient pas rouler très vite avec leurs grands chapeaux. La jupe-culotte n'avait sans doute pas encore été inventée.

Biffontaine. Henri Méline, agent d'assurance et photographe de Biffontaine, pose avec son précieux vélo en compagnie de ses amis, sans doute moins sportifs que lui.

Vallée du Barba. Un groupe de joyeux cyclistes. La sonnette, la trompe et la clochette cohabitent encore. On peut remarquer la variété des guidons et l'absence de garde-boue.

Les ancêtres de la Pédale Bruyéroise avant la guerre de 1914.

La Pédale Bruyéroise lors de son bal annuel en 1925. Cliché pris à 2 heures du matin dans la poste actuelle dont le rez-de-chaussée servait de salle des fêtes.

Bruyères, le lac de Pointhaie : canotage, en été. Les aménagements réalisés par le propriétaire, monsieur Valence, permettaient la location de barques et sans doute aussi la fourniture de boissons ou casse-croûte. Une fête avait lieu chaque année. On appelait alors le lac de Pointhaie : lac d'Azur.

Bruyères, patinage en hiver sur ce même lac. La maison apparaissant au fond du second cliché s'élevait près de la route de Vervezelle, à droite, avant la descente. Dans les années trente, il n'en subsistait que quelques ruines, connues sous le nom de « la maison brûlée ».

Bruyères, au-dessus du « Casse-Gueule », route de Vervezelle. René Vilmain, notaire à Bruyères, a-t-il été le premier skieur avec le commandant de la place ?

Bruyères. Sur le second cliché, on est passé de un à deux bâtons. Un groupe de militaires s'entraîne comme les chasseurs alpins.

Bruyères. La salle de fêtes de la jeunesse laïque du canton, avenue Chanzy, inaugurée en 1911, fut construite grâce à une société par actions. Raymond Poincaré, qui devait inaugurer la salle, fut rappelé malencontreusement à Paris en raison du décès de son frère.

Avant 1913, on utilisait la fontaine de la place Stanislas comme estrade pour haranguer la foule. Ici, une notabilité complimente sans doute les responsables d'un festival de gymnastique.

4
L'évolution des moyens de transport

C'est surtout depuis la deuxième moitié du XIXe siècle que notre région a connu une formidable évolution des moyens de transport. Si on pouvait dire à la gare d'Epinal en 1852 : « *Epinal, tout le monde descend !* », depuis que Napoléon venait d'inaugurer cette station terminus - alors qu'il lui fallait auparavant descendre à Blainville pour se rendre aux eaux de Plombières -, il fallut attendre 1869 pour que le train parvienne à Bruyères.

Les documents relatifs à ce thème s'efforcent d'illustrer la réalité dans les divers domaines concernés.

Le bicycle passe de la draisienne au Michaux, puis au grand bi, pour parvenir au vélocipède qui devient bicyclette. Le fardier de Cugnot du XVIIIe siècle engendra la locomotrice à vapeur routière, appelée par dérision La Mignonne. Puis on vit les progrès de la motocyclette, de l'automobile et la lutte entre le plus léger et le plus lourd que l'air ainsi que le désir des gens d'accéder à l'aviation par des efforts vains concernant le Pou du Ciel, heureusement réalisés de nos jours par les ULM.

Cette évolution des moyens de transport qui apportent de nos jours, à côté des avantages qu'ils présentent, tellement de nuisances comme la pollution, la saturation de la circulation, les accidents, le bruit, etc., a entraîné un changement formidable du mode de vie. Les Bruyèrois ont abandonné leur droit d'affouages pour financer le percement du tunnel. On a créé près des gares des hôtels souvent délaissés de nos jours en raison de la concurrence de l'automobile. Le transport routier a nécessité l'amélioration des routes. On est passé du chemin de Brabant, des chemins vicinaux (dont de nombreux, trop étroits et terriblement tortueux subsistent encore), de la route macadamisée au revêtement caillouteux et poussiéreux à la route goudronnée, à la voie rapide et même quelquefois à l'autoroute.

Une des voitures de transport de marchandises de monsieur Valdenaire, demeurant rue de l'Hôpital, et qui possédait, selon son fils Gaston, plusieurs entrepôts, les logistiques de l'époque, avenue Chanzy et place de la Gare.

Scènes d'autrefois : monsieur Georgel avec sa charrette et Louis Georgel enfant. Le vieux chalet renfermant le mécanisme de la bascule publique. Devant l'hôtel de l'Ange, on aperçoit l'omnibus chargé de colis et d'une échelle.

Admirons l'harmonie vestimentaire qui convient bien à ce véhicule à courroie des premiers âges où rien ne manque, du boyau de rechange à la lampe à carbure. Notons la particularité des lunettes à protection latérale pour se protéger des moustiques et des courants d'air.

Xamontarupt. Valdenaire de Tendon, dit le Grand Berchi, avec son drôle de tricycle, en compagnie de Hartmann, photographe, fils de Guiton Pick, alors mobilisé.

S'agit-il de la plus vieille voiture du secteur ? A Granges, monsieur et madame Ancel Seitz en prennent possession, vers 1895, sans doute un jour où le vent ne soufflait pas.

Accident à Autmontzey, en 1926, camion Ancel-Seitz.

Bruyères. Cette voiture en panne a recours au bon vieux cheval.

Bruyères. Cette voiture, appartenant toujours au même propriétaire, est d'une plus grosse cylindrée et sans doute plus robuste et plus sûre.

Bruyères. Avenue Gambetta. Locomotive routière servant au transport des produits céramiques et tuiles.
On l'appelait « Mignonne » par dérision ; un homme la suivait : « le chien de la Mignonne ». L'un d'eux fut écrasé en plaçant une cale sous une roue pour empêcher le véhicule de reculer alors qu'il fallait passer de seconde en première près de la Bouillante, route de Grandvillers à Bruyères.

Les soldats américains avaient implanté une scierie à Grandvillers, au lieu-dit Petinrupt ; ils exploitaient aussi des grands pins destinés à la construction de pontons sur la Manche. Pour amener le bois à la gare, ils utilisaient ce type de camions, assez voisins de ceux qui furent employés jusqu'en 1940 par le théâtre Berthier-Riga.

Monsieur Demange, garagiste rue Abel Ferry, au volant d'un de ses cars qui assuraient la liaison entre Bruyères et Thaon et le transport des touristes en excursion.

Gerbépal. Les cars Ferry, lorsque cette société était encore établie dans cette commune.

Granges. Monsieur Marchal, auteur de nombreuses cartes postales et de clichés de qualité inédits. Il était le père de madame Thomas, épouse du photographe de Bruyères. Il disposait d'une automobile décapotable.

Granges. Cylindrage dans les années vingt. On répand le premier goudron sur les graviers tirés de la ballastière. Dès lors, le trafic s'intensifiant, on ne fut plus gêné par ces affreux nuages de poussière que le macadam produisait.

Granges. Les cantonniers s'appuient sur les fourches après avoir étalé de grandes quantités de graviers. Le rouleau à vapeur, que l'on aperçoit derrière, étalera ceux-ci lorsqu'ils auront été enduits de goudron, comme on le voit sur la photo de la page précédente.

Le cylindrage de la route de Fontenay par l'équipe des cantonniers de Bruyères avec le fameux rouleau à vapeur au bruit si effrayant représente une scène similaire.

Bruyères, avenue Chanzy. Camionnette aménagée transportant une partie des ouvriers de la fabrique de bérets basques Veyrier. L'engin, bien que décoré ce jour-là pour une cavalcade, ne présentait pas un confort très poussé. Le déplacement en hiver devait être plutôt réfrigérant.

Gare d'Autrey avec un train d'époque. Sur la ligne Bruyères-Lunéville, malheureusement abandonnée.

L'ouverture de la ligne Bruyères-Rambervillers-Lunéville, dont le premier tronçon devait être achevé en 1902, a été retardée d'un an à cause de l'effondrement des bords du ravin artificiel de Grébier. Qui s'en réjouit ? Madame Ferla qui tenait table d'hôtes rue d'Alsace : elle a eu comme pensionnaires cette même année des maçons italiens qui ont réalisé ces belles ogives de soutènement.

Bruyères. Le dirigeable *Patrie* passe au-dessus de l'hôtel de Paris (trésor public actuel, rue du Général de Gaulle).

Une utilisation tardive du terrain d'aviation de Roville aux Chênes. Le Pou du Ciel était alors interdit de vol en raison du trop grand nombre d'accidents qu'il avait causé. Son constructeur et pilote, de Destord, fut accueilli à son atterrissage par les gendarmes. Des efforts bien mal récompensés.

5
Artisanat et industrie

Si les corporations contrôlaient seules l'artisanat autrefois, leur disparition après la révolution de 1789 a permis le foisonnement des patentes. La rudesse du climat, la pauvreté, l'acidité des sols gréseux ou granitiques de notre région, et par conséquent les faibles revenus, ont poussé nos habitants à chercher d'autres moyens de subsistance que l'agriculture ou l'élevage. La profession la plus répandue était la filature et le tissage. On cultivait le chanvre ou le lin que l'on fauchait et faisait rouir - c'est-à-dire pourrir - dans l'eau des ruisseaux et des étangs tout ce qui n'était pas la fibre. Pour le chanvre, la pulpe séchée et devenue cassante était éliminée par diverses opérations. Puis il fallait préparer le fil au rouet à partir de la filasse. Ce fil était généralement teint en bleu ou en rouge, ou bien il restait écru. Des teinturiers s'en chargeaient à la Basse de l'Asne à Bruyères. La toile était tissée à domicile pour être ensuite vendue dans la rue du Marché aux Toiles. C'est seulement dans les deux derniers tiers du XIXe siècle que l'industrie se substitua peu à peu à cet artisanat de complément. Par ailleurs, le maréchal-ferrant devient mécanicien, voire entrepreneur de transports. Quantité de petites tanneries naissent, dont les deux de l'impasse des Halles et de la place Léopold.

Bruyères. Maison Mangin place Stanislas, la plus puissante manufacture de broderie au début du XXe siècle. Notez la signature du patron. En 1877, les maisons de broderies et de dentelles de Bruyères (veuve Maurice Ferrière et Duprey) étaient les plus importantes des Vosges : elles employaient 1 250 ouvrières à domicile.

La famille Mangin fait ici une pause casse-croûte au milieu de l'atelier.

Bruyères. Louis Hézely s'était d'abord installé sur la place Stanislas pour être plus près de ses clients potentiels qui amenaient leurs animaux sur la dite place les jours de foire.

Bruyères. Sur le perron, monsieur Mangeonjean père ferrait de nombreux chevaux, ce qui dégageait une fumée âcre que l'on sentait plus ou moins dans le quartier selon le vent.

Bruyères. Mangeonjean, le cousin, était installé avenue Gambetta à l'emplacement actuel d'un magasin d'articles funéraires.

Barbey-Séroux, forge Lecomte. Noter la confusion avec la chicorée Leroux alors qu'il s'agit de Séroux. Le bœuf allait-il être ferré à cet endroit en dehors de toute protection ?

Bruyères. La forge Dubois était installée rue Joffre. Monsieur Dubois jouait aussi souvent le rôle de charron.

Bruyères. L'atelier du père Barotte, qu'on peut facilement localiser grâce à la vue d'un bâtiment de l'hôpital, se situait à l'entrée actuelle du lotissement d'Honolulu. Il fut un excellent sculpteur-marbrier et, à ma connaissance, le dernier fumeur de pipe en écume à Bruyères.

Granges. L'entreprise Buchel employait de nombreux compagnons à une époque où le machinisme était sans doute encore insuffisant.

Bruyères. Monsieur Perrette avait-il déjà cédé son affaire à un successeur, monsieur Grandcolin ? Ou celui-ci était-il un simple concurrent ?

Bruyères. Monsieur Perrette, ferblantier et plombier, sa fille Thérèse et les ouvriers. Le cheval s'apprête à tirer la voiture chargée du matériel lourd et encombrant tandis que l'apprenti porte le soufflet et le seau rempli des outils et des fers à souder. L'atelier se situait rue de Franche-Comté, aujourd'hui rue Jules Ferry, à Bruyères. On y accédait par la ruelle du Pré le Duc.

Tissage mécanique de Beauménil par Bruyères Henri Didier. On a souvent oublié que le tissage Didier a précédé l'entreprise Colson.

Le tissage Colson à Beauménil vers 1930. L'atelier de préparation des draps et des services de table. A droite, monsieur Balland, le jeune homme à la casquette, un homonyme de l'auteur.

Lépanges-sur-Vologne. Les lithographies illustrant parfois les factures permettent d'apercevoir l'évolution des usines et les progrès de l'urbanisme environnant, ce qui change profondément le paysage de la commune.

Bruyères. Si les mouchoirs de Cholet étaient tissés à Rambervillers, les bérets basques étaient fabriqués à Bruyères par l'usine Henri Veyrier qui en produisait jusqu'à 4 500 par jour, dont des bérets alpins de couleur, des passe-montagnes et des coiffures diverses. Beaucoup d'ouvrières revenues à domicile amélioraient leurs revenus en tricotant les marabouts (petites languettes centrales du béret réalisées au crochet).

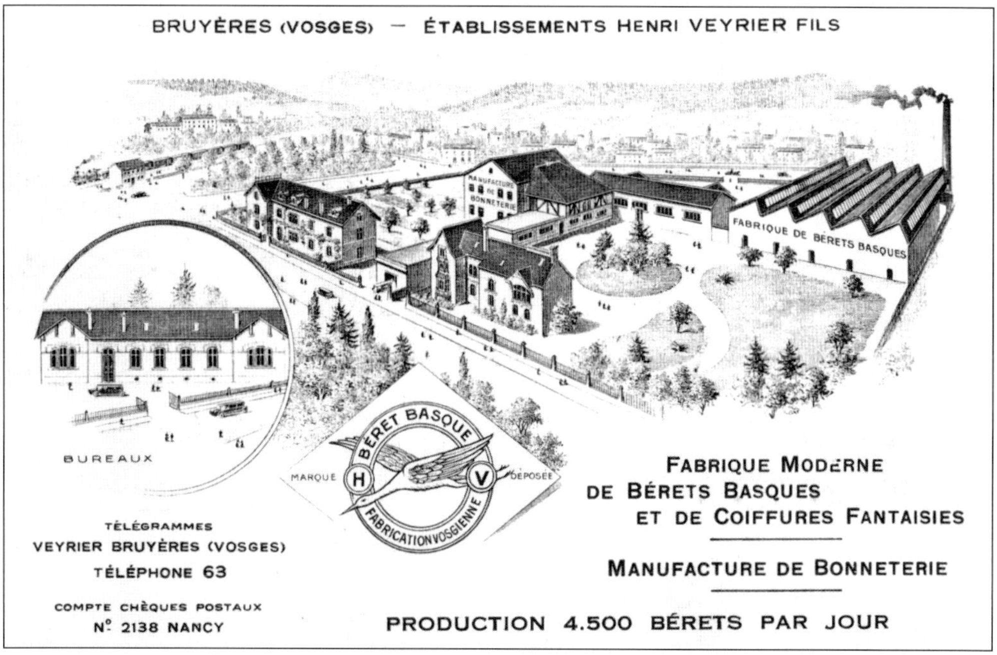

Vue générale prise d'avion de l'établissement Henri Verrier Fils, fabrique de bérets basques, de coiffures fantaisies et manufacture de bonneterie.

Grandvillers. La tuilerie Bastien aux tuiles renommées a remporté de nombreuses médailles d'or lors d'expositions.

Grandvillers. Cartonnerie Jacquemin Frères Production du Pays. A cette époque, on faisait du vrai carton qui séchait sur le pré.

Bruyères. Les brasseries et limonaderies ont été nombreuses à Bruyères. Deux seulement ont subsisté après la seconde guerre mondiale : la brasserie Bexon et la limonaderie Balthazar. La bière du Coq de Bruyères, fabriquée avec l'eau d'une source captée à l'Avison, était fort renommée, de même que la limonade Balthazar qui pétillait excellemment.

Personnel et famille Bescon en 1942.

Laval. La papeterie et le village. Actuellement la plus grosse industrie du secteur, elle emploie plus de 600 ouvriers.

Docelles. Papeterie de Lana, célèbre pour ses filigranes artistiques.

Bruyères fut très tôt dotée de centrales à vapeur qui produisaient un courant continu pour l'éclairage. La première fut installée avenue Chanzy devant l'ancienne salle de la jeunesse laïque. La seconde, qu'une photo sur plaque de verre permet de visualiser avec sa grande cheminée, s'élevait route de Brouvelieures, à droite, à peu de distance de l'église. Les rues et quelques maisons étaient déjà électrifiées en 1894.

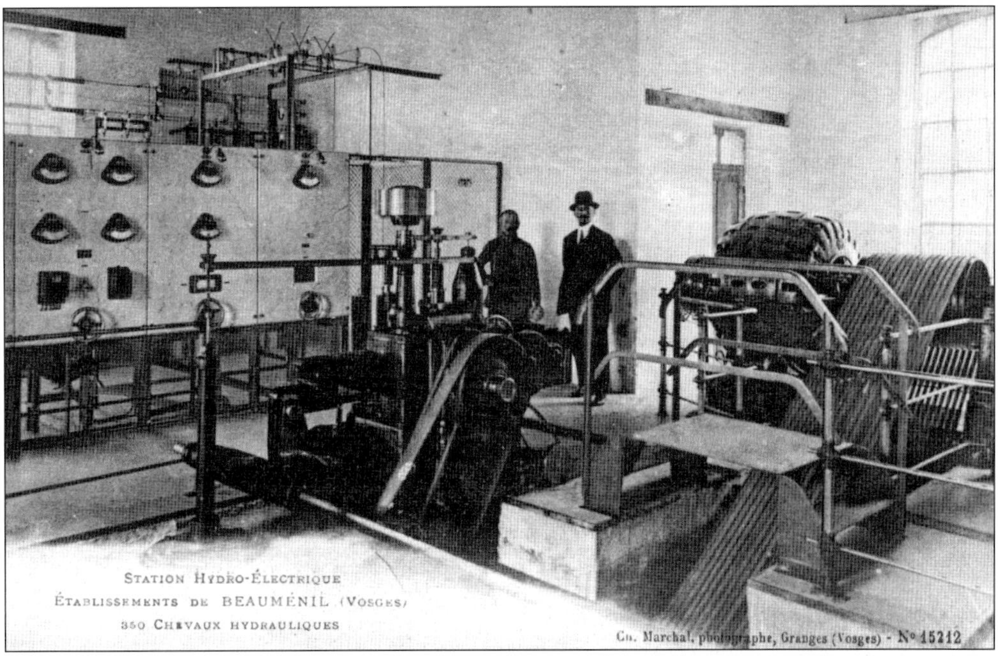

Beauménil. Une centrale hydraulique, dérivant les eaux de la Vologne à Beauménil, électrifiait semble-t-il Beauménil, Champ-le-Duc, Fiménil et Laval. Avant EDF, c'est la Compagnie lorraine d'électricité qui alimentait le reste du secteur, beaucoup plus important. Monsieur Colson (père de Grand-Père, nom de guerre de son fils Maurice) est venu rendre visite au gardien.

Granges. Installation d'une sorte de turbine au château Ancel-Seitz pour produire de l'électricité. Il fallait disposer d'une chute d'eau suffisamment importante. L'équipement semblait quelque peu primitif.

Granges. L'usine Ancel-Seitz s'équipe d'une nouvelle chaudière destinée à la mécanisation plus puissante des métiers. Cette chaudière aux dimensions gigantesques avait posé d'énormes problèmes pour son acheminement et sa mise en place.

Bruyères. Ici, une manœuvre à l'école de TSF qui fonctionna sans doute quelque temps à Bruyères, si l'on en croit le document photographique pris pendant la première guerre mondiale. A l'époque, il fallait recharger les batteries pour émettre en morse les messages de la télégraphie sans fil (TSF). On remarque bien les isolateurs fichés en terre.

Granges. Un pionnier de la TSF. Monsieur Ancel-Seitz faisait dans diverses villes du secteur - y compris Epinal - des conférences dont le propos était illustré par la présentation d'un matériel adapté, dont on voit ici quelques spécimens.

Bruyères. On voit combien il était délicat d'installer des pylônes pour les lignes d'intensité moyenne avec les outils d'époque qui semblent plutôt rudimentaires et sont certainement dangereux.

Granges. Pour les lignes desservant les usagers, on utilisait plus généralement des poteaux de bois en sapin à croissance lente qui subissaient au préalable des injections de produits destinés à prolonger leur résistance au pourrissement.

Bruyères. Les ouvrières de la chemiserie posent dans l'atelier situé place de la Poste ; il sert actuellement d'entrepôt pour un magasin de meubles.

Bruyères. L'atelier Cot, situé à l'angle de l'avenue Chanzy et de la rue de Lattre, était spécialisé dans la lingerie de dame et les bavoirs pour bébé.

Bruyères. Une partie des ouvrières de l'atelier Claude situé rue Joffre, sans doute pendant la grève de 1936.

Laval-sur-Vologne. Quelques ouvriers de la papeterie pendant la grève de 1936.

6

Le bois et l'agriculture

Si l'on retrouve encore en de nombreux endroits reboisés quantité d'anciens talus de champ et sur les rocs en affleurement les stries caractéristiques du passage des araires et des charrues, force nous est de constater l'augmentation de la surface consacrée aux arbres dans notre région. Les pâturages communaux, où le berger du village emmenait paître les animaux en empruntant les « drailles » - chemins encore bordés parfois par des « paux de pierre », ces grosses dalles de grés qui empêchaient les bestiaux de vagabonder - ont parfois été boisés méthodiquement. A bruyères, c'est Jean-Baptiste Loye qui s'en chargeait vers 1850. L'abandon des terres les plus pauvres ou trop fangeuses a multiplié les repiquages d'épicéas ou la pousse spontanée d'aulnes, de bouleaux, de pins sylvestres, de saules, etc. La mécanisation de l'agriculture a permis le remembrement et a profondément modifié l'aspect des villages. De nombreuses maisons abandonnées sont tombées en ruines, d'autres sont devenues de simples dépôts. On assiste souvent à la désertification des campagnes, excepté à la périphérie des villes importantes. En outre, la suppression des haies et le drainage systématique accroissent le volume des crues. La petite exploitation familiale consacrée à l'agriculture de subsistance, qui vivait donc en totale autarcie, a fait place à l'immense ferme moderne ou au GAEC, toujours en mutation et en progrès.

Madame Gustave Voinet, épouse du photographe de Bruyères, vers 1902 après la tempête qui fit tant de chablis et enrichit les marchands de bois.

Ces clichés Marchal marquent bien deux phases essentielles du bûcheronnage avant l'invention de la tronçonneuse. Après avoir préparé l'encoche à la hache, on se sert du passe-partout à deux mains qui permet également de tronçonner l'arbre aux dimensions demandées. Le bûcheron du fond coupe à la hache les branches de la cime.

Biffontaine. Cette carte présente des éléments caractéristiques de la vie forestière. La croix qui marque le carrefour, le bûcheron assis, dénommé le Turc en raison de sa force. Il est coiffé comme au XIXe siècle du bonnet de laine tricoté par les femmes et comparable à un bonnet de nuit. On note aussi deux attelages de bœufs, plus puissants que les chevaux pour débarder les grosses tronces, et la cabane abri pour tous les hommes travaillant dans la forêt.

Biffontaine (secteur de Corcieux). Les gardes, munis de leurs plaques en sautoir et de leurs instruments, ont-ils récupéré un chien de chasse égaré ? Ils ont également à leur disposition cette cabane préparée soigneusement avec des essis (plaques de bois) bien taillés.

Bois-de-Champ. Une belle tête de sagard, (personne chargée du sciage des tronces dans les scieries hydrauliques appellées hauts-fers) - le prédécesseur de l'homme sur la photo ci-dessous - qui a gardé sa tenue de travail, le grand béret basque couvert de sciure et le bleu traditionnel.

Bois-de-Champ. Le sagard règle l'écartement de la lame pour que la scie débite une planche à la dimension voulue. Les hauts-fers abondaient. Un avocat bruyérois qui avait hasardeusement acheté trois de ceux-ci dans la vallée d'Hérival fit faillite au XVIIIe siècle, sans doute après une année de sécheresse.

Laveline-devant-Bruyères, la scierie Grosjean. La route de Gérardmer était parfois encombrée et le passage plus que réduit.

Champ-le-Duc. En-tête de facture de la fabrique Eugène Gégout, planches rabotées, scierie hydraulique et à vapeur. Les lithographies illustrant la facture Gégout, si elles ne montrent pas l'établissement de Champ-le-Duc, soulignent toutefois l'importance de cette maison de commerce dont l'activité s'exerçait aussi aux Rouges-Eaux et à Gérardmer.

Monsieur Troché, menuisier, n'avait pas pu, faute de lumière suffisante, être photographié dans son atelier avec son épouse, dentellière. Il avait donc sorti sur le pas de la porte de la grange le matériel caractéristique de leurs professions. Le photographe Coitoux, de Saint-Jean-du-Marché, pouvait ainsi limiter le temps de pose à une époque où l'éclairage au magnésium n'avait sans doute pas été encore inventé.

Bruyères. La scie de monsieur Parisse bénéficie déjà d'un moteur à explosion qu'il convient d'alimenter. Les transmissions par courroies permettront sans doute aux spécialistes d'en déduire si elle était automotrice.

Environs de Granges. On n'a vraiment pas l'impression de se trouver devant l'épicerie de Charles Fetet. Cette jolie scène symbolise l'agriculture familiale de l'époque. Les mamies vêtues du costume traditionnel ne fréquentent pas très tôt les hospices de vieillards. Le fils, chaussé de ses sabots, tenant un pot de graisse spéciale à la main gauche et le pinceau adéquat dans la main droite, a dû protéger son cheval des attaques des taons. La mère câline le jeune poulain qui doit être particulièrement bien traité si l'on s'en réfère à la mine réjouie de sa propriétaire.

Bruyères-Belmont. La Grange des Lièvres était une ferme dont on ne retrouve que quelques pauvres ruines dans la forêt au bord d'un chemin impraticable, à gauche de la route de Belmont après les grands virages de la Tille. Le donateur de cette carte postale, membre de la famille Précil, est présent, quoiqu'il n'apparaisse pas. Savez-vous pourquoi ?… Il était encore dans le ventre de sa mère !

Fontenay. Récolte des mirabelles et des pommes de moisson vers 1930. On prépare avec soin les paniers, sans oublier d'isoler les fruits au moyen de beau papier blanc.

Bruyères. Chez Monvoisin, près de la voie ferrée, en contrebas du lycée, neuf personnes s'activaient à la fauchaison et au fanage. Une des dames portait encore une *halette* pour se protéger du soleil.

Fontenay également. La récolte des pommes de terre faite soigneusement à la main permettait le classement des tubercules immédiatement sur le terrain.

Apiculture moderne dans les Vosges, ruchers Ch. Sergent à Sainte-Hélène par Rambervillers. A l'époque, on osait installer son rucher dans l'agglomération, ce qui se voit fort rarement désormais, surtout avec un si grand nombre de ruches. On implante plutôt celles-ci en lisière de forêt ou en pleine campagne, près des champs de colza ou autres.

Frémifontaine. La famille Tétut gaule-t-elle les noix ? Ou cueille-t-elle les pommes ? A la vérité, un seul personnage donne l'impression de travailler tandis que les autres se reposent. Le chasseur est peut-être venu pour boire un coup.

Houx et Laveline-du-Houx. Antique procédé de battage monté à l'époque pour une simple démonstration. Les bœufs attelés à une sorte de manège étaient obligés de tourner en rond pour piétiner les épis encore attachés à la paille. La difficulté était d'anticiper les déjections afin d'éviter tout problème.

7
Le commerce

Du fait de sa position géographique, à la limite de la plaine et de la montagne, Bruyères a de tout temps été un lieu de commerce et d'échanges. Bien que sa population actuelle soit inférieure à 4 000 habitants, elle représente une zone de chalandise d'environ 15 000 habitants. C'est sans doute ce qui explique qu'elle fut un bailliage et aussi un chef-lieu de district englobant plusieurs cantons actuels et s'étendant de Domèvre-sur-Durbion à Longemer.
Avant sa concentration dans les grandes surfaces, le commerce était très diversifié. En 1882, on comptait 274 patentes à Bruyères. Certaines maisons qui réunissaient parfois le commerce et l'artisanat ont disparu. On en retrouve quelques-unes au cours des pages suivantes.
Les foires bihebdomadaires accueillaient des marchands venus d'Alsace et de Metz. On utilisait des poids particuliers et l'aune de Bruyères, qui différait de l'aune de Lorraine, servait à mesurer dans la rue du Marché aux Toiles les pièces confectionnées par les tisserands à domicile.

Les Voids, commune de Granges, février 1907. Vente mobilière à l'encan (c'est ce que l'on appelle *lincan* dans les Vosges). Quand les propriétaires décédaient, on vendait tout leur matériel devant la maison. Le notaire, aidé d'un crieur public (ici, sans doute, le garde champêtre et son képi) procédait à la vente.

Bruyères. Au carrefour du Bayeux, les Chevaliers du Bayeux - terme dérivé de bail - (ici, sans doute deux représentants assez mal vêtus) attendaient que les bourgeois les engagent pour quelque besogne. On distingue à peine à l'angle supérieur de l'immeuble la tête sculptée d'un personnage qui bâille aux corneilles, dérision possible d'un propriétaire du XVIIIe siècle.

Laveline. Un marchand de primeurs de Bruyères en tournée à Laveline. Avec lui, le patron du café est reconnaissable à sa belle barbe.

Rehaupal, jour de foire. Si la foire médiévale de Saint-Jean-du-Marché avait gagné Bruyères, elle s'était aussi implantée à Rehaupal. Le matériel des forains d'aujourd'hui a considérablement évolué depuis.

La Paysanne des Vosges parcourait tout le département avec la plus merveilleuse voiture à cheval qui soit. Elle vendait des simples, c'est-à-dire des remèdes à base de plantes. Afin d'attirer le chaland, un compagnon juché sur la voiture jouait de l'orgue de barbarie.

Les Poulières, maison Wénisch Alexandre, faïence et verrerie en tous genres. Outre les magasins spécialisés et les forains, des marchands vendaient à domicile les faïences de Saint-Clément, de la verrerie de Portieux, etc.

Bruyères. Les changements à l'hôtel de la Renaissance. En 1905, Henri Brion accueillait ses clients en mentionnant : *« Omnibus et bagages gratuits »*. Notez l'enseigne : un simple « bouchon », c'est-à-dire une petite gerbe de paille signifiant : *« On reçoit à pied et à cheval »*. Il s'agissait de bouchonner les chevaux, c'est-à-dire d'enlever leur sueur à l'aide de poignées de paille.

Au même endroit, chez Pion cette fois. Qu'il faisait bon, sur le trottoir pavé, siroter sa bière ou son champagne.

Bruyères. Café-restaurant de la Poste. Une fin de foire ; le propriétaire du bœuf s'est sans doute arrêté pour étancher sa soif.

Bruyères. Avenue Gambetta se trouvait le café Russe, dénommé ainsi depuis la visite du tsar, à la fin XIXe siècle et jusqu'au 3 mars 1918 où le traité de Brest-Litovsk avait retiré la Russie du conflit, ce qui avait permis aux Allemands de ramener toutes leurs troupes sur le front de l'Ouest, c'est-à-dire sur la France. L'établissement est ensuite resté longtemps le café-restaurant Didier.

Bruyères. Le même immeuble servit à de nombreux commerces divers au fil du temps. On voit sur la première photo qu'il s'agit de la Société nancéienne d'alimentation.

Bruyères. Sur ce second cliché, le même établissement est devenu un café, l'Etoile Bleue, où l'on vend également des cartes postales. Le rez-de-chaussée abrite actuellement un fleuriste, rue du Cameroun.

Bruyères, A la Confiance. Ce magasin de confection, dont l'un des deux associés rayonnait dans toute la région par des tournées importantes, avait une grande renommée. Les deux familles qui le géraient ont été déportées et aucun de leurs membres n'est revenu.

Bruyères, magasin Laverdure. Ce commerce a disparu. Après de courtes occupations diverses, le rez-de-chaussée est redevenu une habitation et un garage privé.

Bruyères, Chrisment-Meline. La maison à l'angle de laquelle sourit le Bayeux était autrefois, comme vous pouvez le constater, un magasin d'étoffes en tous genres.

Bruyères, magasin Perette. L'épouse du ferblantier vendait les marchandises de l'époque, de la lampe à pétrole au broc émaillé en passant par toutes sortes d'articles. En ce temps, les grandes vitrines n'existaient pas encore. La boutique a été occupée ensuite par la pâtisserie Georgel, rue Jules Ferry.

Bruyères. Dans cette même rue, monsieur Morlot, cordonnier, était également marchand de chaussures. Son épouse, à droite, et ses amis pouvaient sans problème occuper le trottoir encore pavé sans craindre le stationnement des voitures ni la circulation intense.

Bruyères, épicerie Notre-Dame rue de l'église, aujourd'hui rue du Général de Gaulle. L'immeuble, toujours parfaitement reconnaissable grâce à sa belle statue du XVIIIe siècle, est le siège des services sociaux.

Bruyères. Une des dernières images de la quincaillerie Ferry, très ancienne affaire connue dans tout le secteur. L'immeuble, entièrement restauré, abrite au rez-de-chaussée un magasin d'optique. La porte de grange supprimée laisse désormais le passage aux voitures pour accéder à un grand parking bien pratique.

8

La vie militaire et les guerres

Bruyères fut sans doute de temps immémorial un site stratégique situé au point de rencontre des vallées de la Vologne, de la Mortagne et de l'Arentèle. Le château de Faucompierre, Saint-Jean- du-Marché et la maison forte de Pierrepont contrôlaient respectivement les vallées du Barba et de l'Arentèle. Le château de Girecourt veillait sur celle du Durbion. Ils faisaient suite aux sites de hauteur de l'Avison, de Borémont, de Châtillon (Le Roulier), etc.
Après la guerre de 1870 qui avait vu l'héroïque résistance des troupes du commandant Bourras (voir Brouvelieures et Laval), Bruyères devint une importante ville de garnison avec trois casernes : Barbazan, Mangin et Humbert. Elle disposait du terrain de manœuvres de l'artillerie occupant le plateau de l'Helledraye et celui de l'infanterie, situé sur le territoire de Champ-le-Duc que jouxtait presque le champ de tir, au bas de Borémont. Si Bruyères, ainsi que toute notre région, fut occupée par les Prussiens en 1870 (leur camp s'étendait en bout de plateau, à droite de la route de Belmont avant la descente de la Tille), la ville resta en dehors du front pendant la Grande Guerre où les Allemands ne parvinrent que provisoirement jusqu'au Haut-Jacques. En revanche, ils surent tirer profit des casernes pendant la seconde guerre mondiale où Barbazan et Humbert furent occupés pour servir de bases de repos et d'entraînement. La caserne Mangin, désaffectée, avait été vendue semble-t-il à la papeterie de Laval et à l'usine Veyrier pour loger leurs ouvriers et aménager un stade.

Bruyères, revue du 14 juillet 1899. A côté de la place Stanislas, près de la bascule publique dont on voit le chalet, les gendarmes à cheval en tenue d'apparat coiffés de leur bicorne, présentent les armes. Les pompiers, dont les serveurs de la pompe à bras ont encore les mains fixées au brancard de traction, sont aussi en grande tenue et leur drapeau domine l'ensemble de leur compagnie.

Bruyères. Quand la cuisinière roulante ne suivait pas, on se débrouillait comme on pouvait pour chauffer les gamelles. A la fin du XIXe siècle, les casernes n'avaient pas encore de réfectoires et les soldats mangeaient dans leurs chambrées. C'est le futur maréchal Lyautey qui préconisa, non sans résistance, la mise à disposition de salles réservées uniquement à la restauration. C'est peut-être ce progrès qui amena la disparition de petits métiers de bouche tels que celui que pratiquait la mère au jus. On ne sait pas si son chien, qui tirait la charrette, avait droit à un bout de sucre ou à un petit beurre.

Même en repos, la corvée de pluches s'imposait. Le relâchement de la discipline permettait cependant d'apercevoir un certain mélange des tenues qui allaient des képis aux calots et aux bérets et des molletières aux leggins ; on pouvait également voir des civils et une cuisinière.

Corcieux. Alors que de nos jours le service militaire est supprimé, à cette époque les réservistes devaient retourner de temps en temps à la caserne et reprendre l'exercice, ce que font encore actuellement les Suisses et les Israéliens.

Bruyères. La préparation du déjeuner au champ de tir. Les fusils mis en faisceaux, la préparation est des plus sommaires puisque l'on n'aperçoit pas la moindre cuisine roulante, les camions étant restés dans le lointain.

Bruyères. La cantine du champ de tir devait surtout servir du « pinard », la boisson qui ne subissait pas les mises en garde qui lui sont apposées de nos jours.

Bruyères. Un convoi de blessés pendant la première guerre mondiale. Au début du conflit, les Allemands sont venus jusqu'au col du Haut-Jacques. S'agit-il de blessés touchés lors de ce combat ou plutôt de celui de la Fontenelle ?

Gare de Bruyères en 1915. A droite, portant un képi, Camille Georges, dit « Papillon d'Amour », auparavant chapelier chez Haoui, était chef de poste. Notez que les brancards tachés de sang sont moins gais.

Bruyères. L'équipe sanitaire de l'hôpital Saint-Jean en compagnie de quelques soldats blessés. On reconnaît le docteur Rousseau au deuxième rang à droite.

Bruyères. Le foyer du soldat, rue d'Alsace (actuelle rue Abel Ferry) en 1918 s'efforçait d'adoucir le sort des soldats convalescents. Georges Mangeonjean, futur maréchal-ferrant (sur le mur) et monsieur Genin (l'enfant assis) se sont joint à eux.

Les gardes-voies à Bruyères. Les hommes trop âgés pour combattre sur le front étaient néanmoins parfois mobilisés pour assurer l'entretien des voies ferrées. Ici au centre, Paul Debus, épicier en gros rue d'Alsace, responsable de l'équipe.

Bruyères, première guerre mondiale. Passage de 800 prisonniers allemands défilant sur la place Stanislas. S'agit-il, comme d'aucuns le prétendent, d'Alsaciens-Lorrains qui s'étaient rendus lors des combats de l'Hartsmann-Willerskopf ?

Bruyères. Remises des décorations : Légion d'honneur et Croix de guerre, guerre de 1914-1915.

La « Madelon de Vanémont » sert à distance raisonnable le « pinard » aux soldats en repos à l'arrière du front, ce qui leur permettait de rester en sabots.

Lépanges, première guerre mondiale. Une scène étrange : le dépeçage d'un cheval au milieu de la vallée de la Vologne.

Houx. Des soldats russes en cantonnement, après le traité de Brest-Litovsk, en compagnie d'un jeune « Châlot » (sobriquet des Noël). L'un de ces soldats s'appelait-il Tarantzeff qui se maria avec une Vosgienne et fit souche dans la vallée d'Hérival à Bois-de-Champ ?

Bruyères. La petite Claudia Lévy marque, et de quelle manière, la signature de l'armistice du 11 novembre 1918. On reconnaît aisément le clocher de l'église. La photo est prise depuis la ruelle de la Fontenotte.

Bruyères. Monsieur Mougel, professeur au collège, maire de Bruyères et le commandant de la place en 1915.

Bruyères. En 1921 a lieu l'inauguration du monument élevé à la mémoire des enfants de Bruyères morts pour la France pendant la Grande Guerre. Le discours a été marqué par une phrase célèbre, dite d'une voix de stentor par le maire de l'époque, monsieur Mougel : *« Je l'ai voulu de granit et de bronze »*.

Seconde guerre mondiale. Libération de Bruyères par les Hawaïens le 18 novembre 1944. Vue prise devant le collège, la poste actuelle. On remarque le principal du collège reconnaissable à ses lunettes foncées ainsi qu'un des premiers Hawaïens de la côte ouest des Etats-Unis, qu'on n'appelait pas encore Niseïs.

Bruyères. Un char en stationnement devant les Eco (épicerie), Grande rue ; c'est actuellement un salon de coiffure, rue du Cameroun. Les traces d'éclats d'obus sur la façade sont apparentes.

Bruyères. Rencontre le 18 octobre 1944 entre une jeep et un char américain à l'angle de la place Stanislas, vers le quartier du Lavoir.

Américains franchissant un obstacle antichar route de Belmont. Ils se rendent par cette route vers Borémont et la forêt de Champ où un groupe d'Américains est encerclé (The Lost Batalion) par les Allemands. Un grand nombre de soldats hawaïens perdirent la vie en les sauvant. Un monument perpétue leur mémoire à la borne VI, territoire de Biffontaine.

9
La vie religieuse

L'un des plus vieux documents photographiques dont nous disposons remonte à 1894. Il concerne un reposoir élevé à l'occasion de la Fête-Dieu sur la place Stanislas. Avant la guerre, on trouvait à Bruyères plusieurs familles protestantes qui célébraient leur culte dans une salle de la mairie. Quelques familles juives disposaient d'une synagogue depuis 1903. Celle-ci, actuel musée Henri Mathieu, avait été érigée grâce au mécénat de Daniel Osiris Iffla, un banquier qui est le plus gros donateur jusqu'à nos jours de l'Institut Pasteur.
Un bâtiment de l'ancienne brasserie Bexon sert maintenant de mosquée.
Dans l'Antiquité, les sites cultuels païens abondaient. On trouve leurs traces en de nombreux endroits. L'église de Champ-le-Duc, qui s'adosse à une avancée granitique marquant le changement d'orientation de la Vologne, souligne l'antériorité de la religion dans le Val de Champ où Charlemagne réunissait peut-être ses barons « aux champs de mai » - période où les chevaux commençaient à pouvoir paître et où le froid, moins vif, n'empêchait pas de combattre. Plusieurs photographies présentent donc, outre les processions, quelques édifices, mariages, enterrement ou personnages.

A Bruyères, en 1894, les dames n'enlevaient pas toujours leur tablier pour s'approcher du reposoir de la place Stanislas.

Lors de la procession de la Fête-Dieu, si le prêtre tenant l'ostensoir était protégé du soleil par le dais, les élégantes qui voulaient garder leur teint de pêche s'abritaient sous leur ombrelle. La boutique de gauche du grand immeuble, située entre la place Stanislas et la rue d'Alsace, était occupée par une boucherie. Un incendie se déclara dans le fumoir. C'est pourquoi un immeuble à quatre niveaux occupe désormais ce même emplacement.

Mariage Duvoid à Champ-le-Duc vers 1936, devant chez « le père Martin ». Le marié fut déporté en 1944 et ne revint pas.

Le premier mariage après la libération à Bruyères unissant Jean Nicolas et Suzanne Vigneron. Le photographe Alleyrat s'était installé dans le magasin Holstein, Grande rue (actuelle rue du Cameroun). Notez les vitrines provisoires en planches et en vitres de récupération.

Jacques P. présente bien haut la crosse de l'évêque à Bruyères.

Bruyères. Le suisse Drahon et son aide dans ce type d'habit maintenant totalement disparu.

Enterrement de Lucien Monvoisin, ouvrier-livreur chez Ferry, quincaillier à Bruyères, écrasé par un camion de la maison dont le chargement de ferraille avait ripé à Laveline-du-Houx.

La Chapelle-devant-Bruyères. Le prêtre Guébing, nouvellement nommé en 1911, présente au village ses communiants comme il l'avait fait l'année précédente à Sérécourt, la paroisse qu'il avait quittée.

Aimant sans doute la carte postale, il en édita une autre, treize ans plus tard, pour marquer ses noces d'argent sacerdotales.

Un curé de Bruyères, le chanoine Barjonnet en 1937. Il consacra l'héritage d'une tante à employer des chômeurs après le krach boursier de 1929, à cette époque de crise sociale, pour aménager le terrain de la loge Ganet.

Fontenay. Un dimanche d'été, de nombreux enfants du pays aux coiffures parfois imposantes posent pour la photo devant le café Richard.

Fontenay. Né au village en 1863, Joseph Dupays, oblat, était devenu missionnaire au Transvaal en Afrique du Sud. Si l'on en croit la tradition orale, comme il avait construit une église dans une région à peine christianisée, il aurait reçu le titre d'évêque *in partibus* et aurait été assassiné en 1941 par des Zoulous. Une biographie plus récente ne reprend pas ces faits mais le présente seulement comme un des premiers oblats très méritants. Il serait enterré à Johannesburg.

10
De l'instruction au troisième âge

Avant les lois de Jules Ferry, l'enseignement était généralement assuré dans notre région par des particuliers ou des congrégations. Dans le secteur primaire, l'instituteur, le régent d'école, était choisi selon certains critères précis parmi lesquels on peut citer les qualités de chanteur. En effet, il se devait d'être chantre aux offices.
A Bruyères, on a connu un établissement des sœurs de Saint-Charles à l'hôpital, une école de latinité rue de Lattre, le collège fondé en 1866 au premier étage de l'ancienne halle aux blés, l'institution Jeanne-d'Arc, l'école Saint-Léon fondée pour les enfants pauvres par Léon Didiergeorges, ancien notaire, mais également l'école maternelle, l'école des filles, l'école des garçons, le cours complémentaire, l'école supérieure de jeunes filles et cette étonnante école ménagère située place Doron.
Les photos de classes abondent. Nous en avons retenu certaines relatives à quelques établissements du secteur et d'autres marquant des événements.

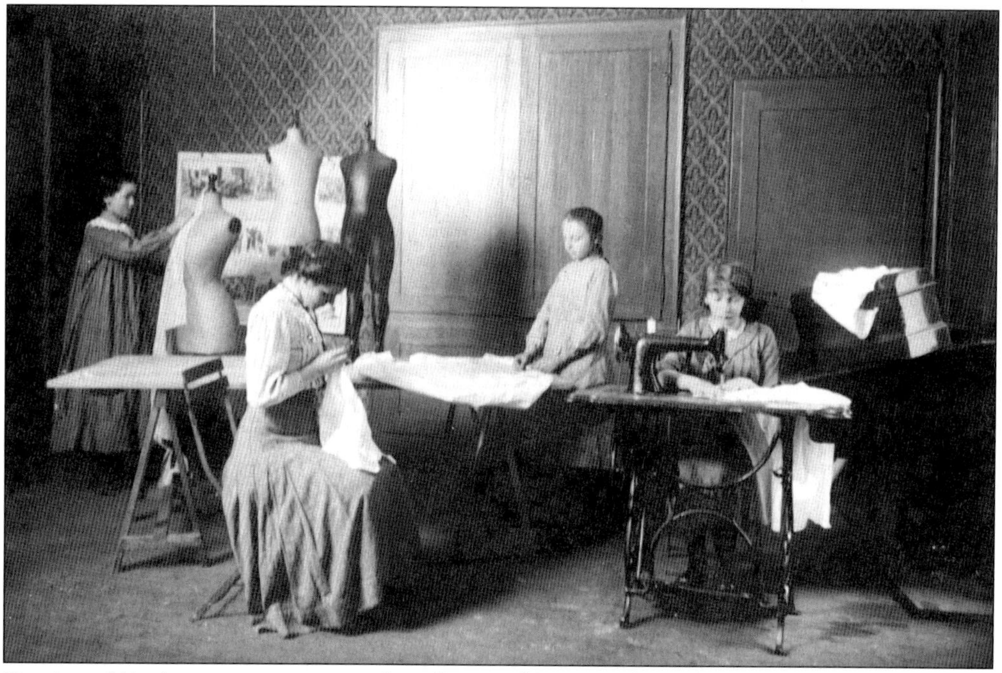

Bruyères. L'école ménagère, située place Doron, dispensait des cours de couture et de cuisine. Ces photos donnent une bonne image des moyens au début du XXe siècle. Sur la première s'activent les premières mains qui doivent ajuster les tissus sur les mannequins.

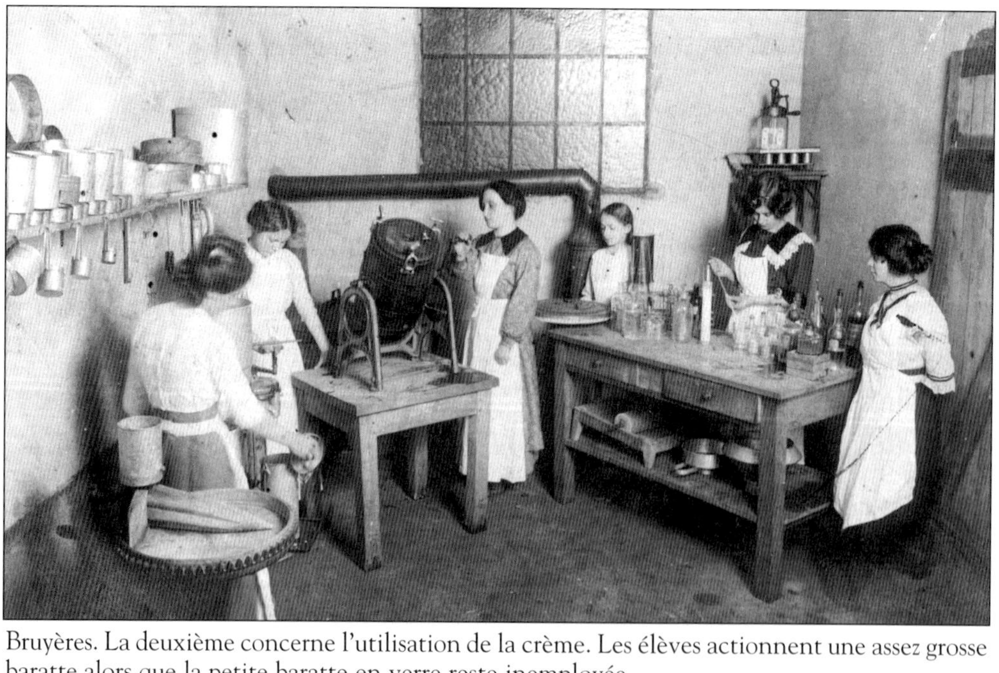

Bruyères. La deuxième concerne l'utilisation de la crème. Les élèves actionnent une assez grosse baratte alors que la petite baratte en verre reste inemployée.

Bruyères. Les élèves de monsieur Simon présentés au certificat d'études en 1928.

Bruyères, le collège. Les élèves de monsieur Lemasson, professeur, auteur de plusieurs ouvrages dont *Bruyères dans la seconde moitié du XVIII*[e] *siècle* et *le Patois et les coutumes de Champ-le-Duc*. Il était par ailleurs un excellent botaniste.

Bruyères. Institution Jeanne d'Arc, les élèves posent devant la chapelle.

Bruyères. Ecole Notre-Dame, petit séminaire en 1910. Les sœurs de la congrégation avaient été expulsées quelques années avant la séparation des Eglises et de l'Etat.

Bruyères. Distribution des prix, professeurs en toge accompagnés du ministre Louis Marin et de Roger Mercier, maire de Bruyères. Ils sortent du grand salon de la mairie pour se rendre à la salle des fêtes où les élèves attendent.

Bruyères. Réunion des anciens élèves et des professeurs du collège vers 1948. L'association était très ancienne ; le collège a été fondé en 1866 au premier étage de la halle aux blés, bâtiment de la poste actuelle.

Biffontaine. On trouve les conscrits évidemment partout et pour toutes les années. La plus ancienne dont nous disposions concerne ceux de Biffontaine en 1898 (cliché Méline).

Bruyères. Classe de 1938. Les conscrits de cette année allaient bientôt être mobilisés. Ils connaîtraient des sorts parfois terribles, disparition, captivité. Les plus chanceux pourraient gagner la zone libre, entrer dans la Résistance puis mener de nouveau le combat.

Bruyères. Après guerre, on évolue et parfois la classe qui jusqu'alors ne comptait que des garçons - le service militaire étant exclusivement masculin - vit rassembler filles et garçons nés la même année.

Bruyères. Justement, l'année suivante, le cliché semble en totale contradiction avec le précédent.

Autrey. La jeunesse ne dure pas, un jour on atteint le troisième âge. Ici, une des nombreuses affectations de l'ancien monastère d'Autrey qui fut tour à tour bâtiment industriel, hospice, grand séminaire et nouvelle communauté.

Bruyères. Rassemblement du club des Bons Lo'His devant l'hôtel de ville, un jour de sortie.

11
Le théâtre et les fêtes

A l'époque où la radio et le cinéma étaient balbutiants, où la télévision n'avait pas encore été inventée, où la journée de travail durait 10 heures et s'exerçait six jours par semaine, où les vacances n'existaient pas, on se contentait de loisirs simples et les rares fêtes revêtaient un caractère particulier. Citons les fêtes patronales aux si beaux manèges, les cavalcades chantées et très suivies. Rappelons quelques chansons créées pour ces occasions : *Bruyères en gaieté*, *La Noce à Sostène*, *Bruyères myrtilles*, *A l'Avison*, etc. Notons aussi les bals populaires aux titres cocasses - pour nous. Evoquons aussi le tourisme, d'abord et surtout pratiqué à pied, puis à bicyclette, etc. Parlons du développement des sociétés à but culturel ou physique : la Cécilia qui enseignait et pratiquait la musique, la Pédale bruyéroise le vélo, les sociétés gymniques, les sociétés spécialisées, les sapeurs-pompiers, les tireurs. Plusieurs activités plus onéreuses se pratiquaient à titre individuel : le ski, le patinage, etc. La promenade dominicale restait la détente la plus pratiquée, associée parfois à la botanique.

Bruyères au temps des cavalcades. Déjà en 1894, on présentait des chars symbolisant les activités locales, ici agricoles.

Bruyères. Déjà à cette époque, les chars respectaient dans leur itinéraire le tour de la place Stanislas et les admirateurs semblaient aussi nombreux. Peut-être allaient-ils terminer la journée par quelques danses au bal monté que l'on aperçoit ?

« C'est la noce à Sostène, Sostène de Deycimont, qu'épouse la Philomène de Bémont » sur l'air de *Dans les jardins d'mon père, les lilas sont fleuris*. On avait déguisé les enfants en mariés afin de les faire jouer dans une importante revue en 1925.

Professeur et élèves du collège dans *le Voyage de monsieur Perrichon* en 1946.

Bruyères. En 1925, la cavalcade permettait aussi un peu de publicité pour La Confiance, ancêtre de Rémon Habille Bien.

Bruyères. Plus tard, vers 1925, on ne négligeait pas la publicité pour vanter les mérites de la bière de Bruyères.

Bruyères. Le comité des fêtes, avec son président monsieur Wackentaler, lança après la guerre une Fête des myrtilles qui amena le jumelage avec la ville belge de Vielsalm où le même type de festivité se produit tous les deux ans.

Bruyères. La rifle étant l'instrument le plus utile pour la cueillette des brimbelles, il fallait nécessairement qu'un char la mette en évidence.

Bruyères. Plus tôt, vus du balcon, le défilé et la foule marquent l'importance que revêtait ce genre de manifestation à une époque où les réjouissances étaient rares.

Granges. Quel beau manège de chevaux de bois y avait été installé au carrefour ! Le photographe avait attendu la trêve de midi pour qu'il ne soit pas masqué par la foule aux heures de grande affluence.

Bruyères. Le théâtre Berthier-Riga, qui jouissait d'une extraordinaire renommée, avait été détruit pendant la seconde guerre mondiale. Il fut reconstruit après avec beaucoup moins de faste extérieur. Il s'agit là d'une des dernières vues de son ensemble sur la place Stanislas.

Bruyères. Il y a aussi la fête patronale où les manèges modernes se renouvelaient tous les ans. Ici, le toboggan - qui avait fait un malheur à la foire de Nancy - s'était installé sur la place Stanislas où il avait connu un succès comparable, sans doute grâce à la démesure de ses structures.

Remerciements

A Nathalie Balland qui s'est chargée de la mise en forme.
A toutes les personnes (certaines depuis longtemps disparues) qui ont bien voulu me confier des documents et qui ont accepté de me faire part de leurs souvenirs.
Familles Balland, Christophe, Claude, Etienne, Georgel, Janel, Leblanc, Marchal, Martin, Ménia, Müller, Perrette, Rohr, Schmitt, Vigneron, Voinet, etc.

Bibliographie

Moulin Pierre, *Chronique de Bruyères en Vosges*.
Moulin Pierre, *50e anniversaire de la libération des Vosges Bruyères-France 1944-1994*, Editions Gérard Louis, 1994.
Lepage et Charton, *le Département des Vosges*, 1845.
Janel C., Balland J., *Déodatie, l'Ancien Monde*, 1993.
Bugnet Ch., *Lyautey*, Editions Mame.
Voulot F., *les Vosges avant l'histoire*, 1874.
Espérandieu, *les Monnaies romaines*.
Louis Léon, *le Département des Vosges*, 1889.
Annuaire des Vosges, 1882.